Wie ich über 13 Punkte i
Staatsexamen erreicht habe –

Ein Erfahrungsbericht und Leitfaden

ZEUGNIS

Herr .....

geboren am ....

hat am ... die

erste Prüfung

gut
(13,31 Punkte)

bestanden.

Der Gesamtnote liegen folgende Ergebnisse zugrunde:

Universitäre Schwerpunktbereichsprüfung an der Universität zu Köln am ...

sehr gut (15,20 Punkte)

Staatliche Pflichtfachprüfung vor dem Justizprüfungsamt bei dem Oberlandesgericht
Köln am ....

gut (12,50 Punkte)

Köln, den ...

Die Vorsitzende
des Justizprüfungsamtes
bei dem Oberlandesgericht Köln

JPA 806/13
Inhalt der Notenbezeichnung
sehr gut (14.00 – 18,00 Punkte) eine besonders hervorragende Leistung
gut (11,50 – 13,99 Punkte) eine erheblich über den durchschnittlichen Anforderungen liegende Leistung
vollbefriedigend (9,00 – 11,49 Punkte) eine über den durchschnittlichen Anforderungen liegende Leistung
befriedigend (6,50 – 8,99 Punkte) eine Leistung, die in jeder Hinsicht durchschnittlichen Anforderungen entspricht
ausreichend (4,00 – 6,49 Punkte) eine Leistung, die trotz ihrer Mängel durchschnittlichen Anforderungen entspricht
In die Gesamtnote läuft die erste Prüfung fließt das Ergebnis der staatlichen Pflichtfachprüfung mit 70% und das der
universitären Schwerpunktbereichsprüfung mit 30 % ein

Mein Hintergrund

Ich war während des Studiums keinewegs ein Überflieger in Jura. Meine Noten pendelten regelmäßig zwischen 5 und 11 Punkten. In der staatlichen Pflichtfachprüfung demgegenüber lagen meine Noten im Bereich 12-15 Punkte. Dies kann man zu einem dem Systemverständnis zuschreiben, das sich entwickelt, wenn man sich konsequent und systematisch über einen Zeitraum von 1-1.5 Jahre mit Jura beschäftigt, oder aber seiner Lernstrategie. Ich bin in der Tat überzeugt davon, dass meine Leistungssteigerung hauptsächlich mit meiner Lernstrategie zu tun hatte, die ich im Folgenden näher beschreiben werde.

Mit der Frage, wie ich mich effektiv auf Klausuren vorbereite, hatte ich mich zu Studienzeiten nie befasst. Es gab zwar die ein oder anderen Gespräche mit Kommilitonen darüber, wie man sich auf die Semesterabschlussklausuren vorbereitet, damit hatte die Sache aber auch ihr Bewenden. Davon dass ich ein Buch zur Hand genommen und mich mit dem Lernen als solches auch wissenschaftlich beschäftigt habe, konnte keine Rede sein. Ich bin den Weg gegangen, den vermutlich fast alle Jurastudenten gehen, und habe die Lehrbücher bzw. Skripte durchgearbeitet, die für die jeweilige Vorlesung jeweils empfohlen wurden und habe mir eigene Zusammenfassungen in Form von Skripten angefertigt. In der mir zur Verfügung stehenden Zeit habe ich dann versucht, so viel wie möglich aus dem Skript auswendig zu lernen.

Im Sommer 2012 war es dann allerhöchste Zeit, meine Lernstrategien auf den Prüfstand zu stellen. Anders als im Grundstudium, wollte ich es im Staatsexamen nämlich nicht dem Glück überlassen, ob meine Lernstrategie auf fruchtbaren Boden stößt oder nicht. So habe ich einen Monat vor Beginn der Examensvorbereitung ein paar Bücher zum effektiven Lernen aus der Bibliothek ausgeliehen und durchgearbeitet. Begriffe wie die Vergessenskurve, Intervall-Lernen, die mir vorher kein Begriffe waren, bewegten mich dazu, meine bisherigen Strategien kritisch zu hinterfragen und letztlich über Bord zu werfen. Insoweit sehr hilfreich war vor allem das Buch "Lernen lernen" von Sebastian Leitner, dessen Lernstrategie ich unten aufgreifen und noch ausführlicher beschreiben werde.

16. April 2014: Tag der mündlichen Prüfung.

Es ist jetzt über fünf Jahre her, aber ich erinnere mich noch genau an das Gefühl, als ich an jenem Mittwoch im April 2014 die Treppen des OLG Köln herunterging. Adrenalin durchströmte meinen Körper und mein Herz raste. Als ich auch die letzte Stufe genommen hatte, drehte ich mich noch einmal um und warf ein letztes Mal einen Blick auf das Treppenhaus. So muss sich jemand aus dem Bereich Hochleistungssport fühlen, wenn er nach Monaten der intensiven Vorbereitung ein Rennen gewinnt, schoss mir als Gedanke durch den Kopf.

Kurz davor hatte uns die Prüfungskommission, nachdem sie sich zur internen Beratung zurückgezogen hatte, erneut in den Prüfungssaal gebeten, um die Ergebnisse der staatlichen Prüfung bekanntzugeben: 12,5 Punkte insgesamt, davon 14 Punkte in der mündlichen Prüfung. Ich konnte meinen Ohren kaum fassen und auch den übrigen Prüfungsteilnehmern konnte ich die Überraschung ansehen. Nachdem uns die Prüfungskommission zum bestandenen Examen gratuliert hatte, und jeder seines Weges ging, musste ich noch kurz mein Handy zücken, um mein Endergebnis zu berechnen, sage und schreibe 13,32 Punkte.

Mit der Bekanntgabe der Ergebnisse fiel mir ein großer Stein vom Herzen. Lange hatte ich große Zweifel, ob es klug war, mich auf eigene Faust (Examen ohne Repetitor), und zumal noch durch ein selbst aufgestelltes Lernprogramm und alternativen Medien auf das Staatsexamen vorzubereiten. Das Ergebnis sprach jedoch für sich. Mit 13,32 Punkten war ich unter 300 Absolventen Drittplatzierter in meinem Jahrgang und wurde auf der Abschlussfeier vom Dekan der juristischen Fakultät mit dem Ehrenpreis ausgezeichnet.

Seither bin ich von vielen Studierenden und Professoren darauf angesprochen worden, wie ich diese hohe Punktzahl im Examen erreicht habe. Dieses E-Book soll Aufschluss über die Frage meine Examensvorbereitung geben und dadurch zukünftigen Studierenden und aktuellen

Examenskandidaten bei ihrer Vorbereitung auf die staatliche Pflichtfachprüfung helfen. Es sei an dieser Stelle darauf hingewiesen, dass das strikte Befolgen der hierin dargelegten Strategien keine Garantie für ein Examen über 13 Punkten ist. Das E-Book soll vielmehr als Hilfsmittel und als Anregung verstanden werden.

Flashback: August/September 2012

Mit der Examensvorbereitung habe ich knapp 14 Monate vor den schriftlichen Prüfungen und 17 Monate vor den Mündlichen angefangen.

Examen mit oder ohne Repetitor

Am Anfang stand ich zunächst vor der großen Frage, wie ich das Projekt "Examensvorbereitung" überhaupt angehen soll. Bereite ich mich mit Repetitor auf das Examen vor, so wie fast alle meiner Kommilitonen, oder ohne, und wenn ich mich ohne Repetitor auf das Examen vorbereite, wie gehe ich eigentlich vor?

Relativ früh stand für mich fest, dass ein Repetitor für mich nicht in Frage kommt. Ich bin schon immer der kinästhetische Lerntyp gewesen, d.h. jemand, der sich Lernstoffe selbst erarbeitet und durch unmittelbares Anwenden verinnerlicht. Dagegen konnte ich durch alleiniges Zuhören in der Vorlesung keine großen Erfolge erzielen, weshalb ich mich auch nie als auditiven Lerntypen aufgefasst habe. Hinzu kommt, dass Zeit bei der Vorbereitung auf das Examen sehr knapp bemessen ist und man die zur Verfügung stehende Zeit sehr gut einteilen muss (Stichwort: Zeitmanagement). Wer sich für einen Repetitor entscheidet, der muss sich bewusst sein, dass die Teilnahme an den Sitzungen des Repetitors viel Zeit in Anspruch nimmt und die Vor- und Nachbereitung der AGs ebenfalls Zeit erfordert.

Ich will nicht leugnen, dass die Entscheidung, keinen Repetitor zu benutzen, einfach gewesen ist. Ich habe lange hin und her überlegt, verschiedene Ratgeber bedient und auch ehemalige Examenskandidaten konsultiert. Auch in den folgenden Monaten, nachdem ich mit der Examenvorbereitung ohne Repetitor begonnen hatte, habe ich mich immer wieder dabei ertappt, wie ich meine Entscheidung gegen einen Repetitor in Frage gestellt habe. Die Tatsache, dass sämtliche

Kommilitonen sich für einen Repetitor entschieden haben und man als einziger eine eigenständige Vorbereitung gewählt hat, hat die Sache nicht einfacher gemacht. Rückblickend betrachtet kann ich aber nur sagen, dass Examen ohne Rep der absolut richtige Weg für mich gewesen ist und meine gehegten Zweifel unberechtigt waren.

Zu dem Thema, ob man einen Repetitor für das Examen nutzt oder nicht, ist bereits sehr viel geschrieben worden. Ich will an dieser Stelle nicht sämtliche der Argumente, die regelmäßig für die eine oder andere Seite vorgebracht werden, erneut vortragen. Wer unschlüssig ist, dem seien die zahlreichen Websites im Internet zu diesem Thema empfohlen. Letztlich muss jeder für sich selbst entscheiden, ob er einen Repetitor für erforderlich hält. Wer sich für ein Examen ohne Rep entscheidet, dem sei jedoch das Buch "Examen ohne Rep" von Deppner & Co. aus dem Nomos Verlag ans Herz gelegt, der sehr viele hilfreiche Tipps enthält.

Wie Berge an Materialien bewältigen?

Die Entscheidung gegen einen Repetitor war getroffen. Wie sollte es jetzt weitergehen? Als erstes musste ein Lernplan her. Bevor ich jedoch auf meinen Lernplan eingehe, vorab noch ein paar allgemeine Anmerkungen.

Wer sich bereits in der Examensvorbereitung befindet, der weiß, dass es eine Unmenge an Stoff gibt, die es zu bewältigen gilt[1]. Ich erinnere mich noch genau, wie ich in den ersten sechs Monaten der Examensvorbereitung mir häufig die Frage gestellt habe, wie ich es schaffen soll, bis zum Examenstermin den gesamten Stoff zu erarbeiten und dann auch noch zu lernen nach dem Motto "Das schafft doch kein Mensch".

Der Schlüssel liegt darin, den Stoff in kleine Stücke zu unterteilen, die das Gehirn dann in der Lage ist, zu verarbeiten bzw. aufzunehmen. Man kann dieses Prinzip ganz gut an dem Bild erklären, dass sich beim Essen eines Steaks anbietet. Genauso wie ein gesamtes Steak auf einen Stück für eine einzelne Person unverzehrbar ist, sondern in mundgerechte Stücke geschnitten werden muss, bevor es verspeist werden kann, so muss auch jede

---

[1] Über die gesamte Stoffmenge bietet das JAG des jeweilige Bundeslands Aufschluss.

Information in Bezug auf den Lernstoff in einzelne für das Gehirn verdaubare Einheiten aufgeteilt werden, bevor es gelernt werden kann.

Aus dieser Erkenntnis folgte für mich, dass ich den Lernstoff für jede Rechtsmaterie in für mich aufnehmbare Einheiten herunterbrechen musste. Ich habe lange überlegt, wie ich das am besten anstellen kann. Ein Skript, wie es sich viele meiner Kommilitonen erstellt haben, habe ich für ungeeignet gehalten. Nach einiger Recherche und der Lektüre des Buchs "Lernen lernen" von Sebastian Leitner, bin ich auf das Medium Karteikarten aufmerksam geworden.

An dieser Stelle sei erwähnt, dass ich im Studium nie mit Karteikarten gelernt habe, sondern mit Skripten. Zu jedem Rechtsgebiet hatte ich im Grundstudium mein eigenes Skript erstellt, dass ich dann zur Klausurvorbereitung genutzt habe. Für die Examensvorbereitung hielt ich Skripte jedoch für suboptimal. Zum einen müsste man für jedes Rechtsgebiet ein gesondertes Skript anfertigen, was die Wiederholung sehr ineffektiv machen würde. Zum anderen hatte ich festgestellt, dass ich

Informationen, die auf einer Karteikarten komprimiert sind, mir besser merken konnte, als Informationen, die auf einer Din A4 Seite zusammengefasst waren.

Grundsätzlich bin ich bei der Examenvorbereitung in zwei Schritten vorgegangen. In einem ersten Schritt – die Bearbeitungsphase – habe ich den Stoff zunächst *erarbeitet*. Diese Phase bestand darin, die Materialien, die ich mir für jedes Rechtsgebiet zusammengestellt habe, zu lesen und auf Karteikarten zusammen zu fassen und teilweise zu wiederholen. Hierzu habe ich mir genau 8 Monate Zeit gegeben. In einem zweiten Schritt – die Wiederholungsphase – habe ich dann ausschließlich meine Karteikarten wiederholt.[2]

In der Bearbeitungsphase hatte ich dabei den folgenden Tagesablauf: Mein Wecker klingelte gegen 7 Uhr. Von 8 bis 13 Uhr habe ich Karteikarten erstellt, von 14 bis 18/19 Uhr habe ich Karteikarten wiederholt. In der Bearbeitungsphase habe ich mich noch nicht mit Rechtsprechung

---

[2] Nebenbei habe ich auch Rechtsprechung gelesen und weiterhin am Klausurenkurs teilgenommen.

befasst, da ich es für sinnvoller hielt, zunächst Fortschritte im Lernstoff zu machen. Jedoch habe ich bereits am universitären Klausurenkurs teilgenommen und unter echten Bedingungen Probeklausuren geschrieben (dazu mehr unten).

In der Wiederholungsphase habe ich dann die zuvor erstellen Karteikarten gelernt. Mein Tagesablauf in der Wiederholungsphase bestand aus drei Einheiten. Die erste Einheit umfasste den Zeitraum von 8-13 Uhr, die zweite 14-18 Uhr und die dritte 18-20/21 Uhr. Die erste Einheit habe ich ausschließlich dem Lernen von Karteikarten gewidmet, in der zweiten Einheit habe ich Fallbücher durchgearbeitet und in der letzten Einheit habe ich mich mit Rechtsprechung befasst. Dabei habe ich auch in dieser Phase Probeklausuren geschrieben.

Ich habe mir für die Bearbeitungsphase einen Kalender aufgestellt, der sehr genau Woche für Woche dargelegt hat, welche Rechtsgebiete ich wann durchzuarbeiten habe. Für meinen Kalender habe ich als Grundlage den Lernplan verwendet, der in dem Buch "Examen ohne Rep" von Deppner &

Co. abgedruckt ist, und habe diesen Plan entsprechend für meine Bedürfnisse angepasst. Man kann natürlich auch den Lernplan nutzen, den Deppner und seine Kollegen in ihrem Buch empfehlen. Ich persönlich hielt diesen Lernplan allerdings für zu kurz bemessen und überladen, um die Bearbeitungsphase in acht Monaten abzuschließen.

Ich hatte oben erwähnt, dass ich das Medium Karteikarten dem Medium Skript vorgezogen habe, weil man mit Karteikarten besser in der Lage ist, Stoff zu komprimieren. Karteikarten eigenen sich aus einem weiteren Grund ideal zur Examensvorbereitung: Mit Karteikarten lässt sich der Stoff auch optimal *wiederholen*. Jedoch will auch das Wiederholen gelernt sein, sprich man muss hier mit System vorgehen, um Erfolge zu erzielen und das Examen zu meistern.

Mein System zur Wiederholung der Karteikarten folgte dem System von Sebastian Leitner. Mein Karteikartensystem bestand aus **fünf** Fächern. Zu Beginn befanden sich alle Karteikarten in Fach 1. Die Karten in Fach 1 wurden täglich zum

Lernen vorgelegt, die Karten in Fach 2 alle zwei Tage, die Karten in Fach 3 alle vier Tage, die Karten in Fach 4 alle 8 Tage und die Karten in Fach 5 alle 16 Tage. Ganz gleich, wie viele Fächer man hat, das Prinzip ist das Gleiche: Die Karte mit der Antwort, die man bei erster Vorlage weiß, kommt ins nächste Fach. Alle anderen kommen ins allererste Fach zurück.

Mit diesem System hatte ich mich im Vorfeld der Vorbereitung zum Staatsexamen intensiv beschäftigt. Wer sich in dieses Thema einlesen will: Leitner erläutert das Prinzip in voller Ausführlichkeit in seinem Buch "Lernen lernen". Grob zusammengefasst geht es darum, eine bestimmte Information von seinem Kurzzeitgedächtnis ins Langzeitgedächtnis zu befördern. Das Stichwort, das in diesem Zusammenhang von Bedeutung ist, ist die sog. Vergessenskurve. Die Vergessenskurve wurde vom deutschen Psychologen Hermann Ebbinghaus durch Selbstversuche entdeckt und stellt dar, wie lange der Mensch neu gelerntes Wissen behält und wie viel Prozent er davon vergisst.

Wie die graphische Darstellung der Vergessenskurve von Ebbinghaus unten zeigt, (Vergessenskurve in rot) vergisst man nach bereits 20 Minuten nach dem Lernen 40% des gelernten Stoffs, oder anders ausgedrückt, man kann 20 Minuten nach dem Lernen nur noch 60% des Gelernten abrufen. Nach einer Stunde sind nur noch 45% und nach einem Tag sogar nur 34% des Gelernten im Gedächtnis verfügbar. Sechs Tage nach dem Lernen ist das Erinnerungsvermögen bereits auf 23% geschrumpft, dauerhaft werden nur 15% des Erlernten gespeichert.

The Forgetting Curve

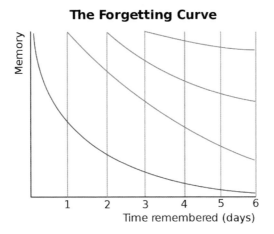

Ebbinghaus fand auch heraus, dass man dem Vergessen jedoch effektiv entgegenwirken kann, indem man in immer größeren Abständen das Gelernte wiederholt. Dabei fand er heraus, dass die Wiederholung zum einen regelmäßig erfolgen muss, zum anderen in immer größeren Intervallen, um das Vergessen auf ein Minimum zu reduzieren. Wie die Vergessenskurve unter diesen veränderten Umständen aussieht, zeigen die grünen Kurven oben im Graphen. Sie zeigen, dass man umso weniger vergisst, umso mehr man wiederholt.

Um nichts anderes geht es bei der Vorbereitung auf das Staatsexamen. Um den Lernstoff, den man ab Tag 1 der Examensvorbereitung lernt, auch am Tag der Klausur abrufen zu können, muss man ihn von seinem Kurzzeitgedächtnis in sein Langzeitgedächtnis befördern. Diesem Zweck dient die in größeren Intervallen stattfindende Vorlage der Karteikarten.

Um die Übersicht nicht zu verlieren, habe ich mir für jedes Rechtsgebiet jeweils eine Kategorie (separate Kartei) erstellt, die ihrerseits dem oben beschriebenen Leitner-Prinzip folgte. Innerhalb der einzelnen Kategorie, habe ich dabei die Struktur des Karteikartensystem in der Regel so aufgebaut, dass das Karteikartensystem die Gliederung wiederspiegelt, die dem jeweiligen Skript oder dem Buch, das ich in der Bearbeitungsphase zu dem jeweiligen Rechtsgebiet durchgearbeitet habe, zugrunde lag (siehe Beispiel Schuldrecht AT). Diese Struktur, die bei der Vorlage der Karteikarten eingehalten wird, war später beim Durchdringen der Materie in der Wiederholungsphase ungemein hilfreich.

Beispiel für Aufbau einer Kategorie

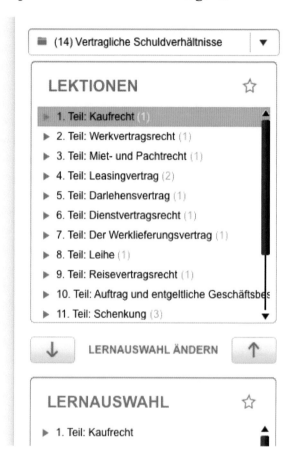

Beispiel für Aufbau einer Lektion

Nun kann man das oben beschriebene
System natürlich auch analog, etwa durch ein selbst
gebasteltes Karteikartensystem, umsetzen. Ein
analoges System wird jedoch umso komplizierter je
mehr Karteikarten man hat. Wenn ich mich richtig
erinnere, hatte ich am Ende über 12.000

Karteikarten, die ich mir in der Wiederholungsphase einprägen musste. Bei einem solchen Umfang wird es sehr kompliziert, das oben beschrieben System analog konsequent durchzusetzen. Letztlich habe ich mich aus diesem Grund nach einer digitalen Alternative umgesehen und bin dabei auf *Anki* und *Brainyoo* gestoßen. Da mir das Interface von Brainyoo besser gefallen hat, habe ich mich letztlich für diese Software entschieden.

Ich hatte anfangs zunächst Sorge, was meine Lernstrategie anbetrifft. Sollte ich mich bei der Examensvorbereitung wirklich auf eine Software verlassen? Neben den allgemeinen Bedenken, dass meine mühsam erstellten Karteikarten durch einen Computerabsturz verloren gehen könnten(, weshalb ich stündlich backups erstellte,) hat mich auch die Sorge geplagt, dass mir der Computer doch nicht das Lernen abnehmen könne und ich mir etwas vormachen würde, wenn ich das glaubte. Lernen könne nur auf die klassische Weise (d.h. mit Stift und Papier) erfolgen. Bei nüchterner Betrachtung nimmt Brainyoo einem das Lernen jedoch nicht ab, sondern erleichtert das Sortieren der Karten und setzt das Leitner-Prinzip um. Hiermit sollte man bei der Vorbereitung keine Zeit verlieren, denn wie gesagt, Zeit ist knapp und man sollte sie sinnvoll einsetzen. Nachdem ich mit der Software schnell gute Lernerfolge erzielte, waren auch diese Sorgen beiseite geräumt.

Warum ich Brainyoo absolut empfehlen kann: Man kann anhand von Brainyoo seinen Lernerfolg messen. Brainyoo zeigt einem nicht nur an, wie viel Karteikarten (total und prozentual) man je Kategorie, Lektion oder Unterlektion richtig bzw. falsch beantwortet hat, sondern in welchem Fach sich wie viele Karteikarten befinden. In der Wiederholungsphase, in der man nichts anderes macht, als täglich seine Karteikarten zu wiederholen, kann man über diese Funktionen seinen Lernstand kontinuierlich abfragen und kriegt dadurch ein Gefühl dafür, wie gut man auf das Examen tatsächlich vorbereitet ist.

Es gibt weitere Funktionen in Brainyoo, die mir das Lernen erleichtert haben. So kann man etwa für seine Karten Eselsbrücken benutzen, oder Skizzen integrieren (vor allem in

Dreieckskonstellationen im Bereicherungsrecht sehr hilfreich!). Ebenso ist es möglich, einzelne Karteikarten zwecks Änderung oder Ergänzung durch Stichworte zu suchen, was bei einer Anzahl von insgesamt über 10,000 Karteikarten enorm zeitsparend ist. Ebenso kann man Karteikarten per Drag und Drop von einer Lektion bzw. Kategorie in eine andere verschieben, was auch nützlich sein kann. Hiervon habe ich dann Gebrauch gemacht, als ich festgestellt habe, dass manche KK in anderen Lektionen besser aufgehoben sind.

Wichtig ist es, dass man sich die Karteikarten selbst erstellt. Ich würde unbedingt davon abraten, Karteikarten zu kaufen, weder Papierkarteikarten noch die digitalen Karteikarten, die Brainyoo mittlerweile zum Kauf anbietet. Das hat einen einfachen Grund. Erstens gehört bereits das Komprimieren des Stoffs auf einer Karteikarte zum Lernprozess; genau diesen Lernprozess würde man umgehen, wenn man Karteikarten kommerziell erwirbt, und zweitens ist es viel einfacher ist und erfordert weniger Zeit, seine selbst erstellte Karteikarten *auswendig zu lernen*, da man gerade weiß, worauf eine einzelne Frage auf einer Karteikarte abzielt.

Die Karteikarten sollten dabei dem Muster, Frage und Antwort folgen. In der linken Spalte (s.u.) sollte die ausformulierte Frage stehen. Auf der rechten Seite sollte sich die Antwort befinden, die jedoch nicht über die Größe des Fensters hinausragt, was ein Scrollen erforderlich machen würde. Dies ist optisch besser für das Auge und erleichtert erneut das Auswendiglernen. Welche Informationen man dabei auf Karteikarten zusammenfasst, ist einem selbst überlassen. Es ereignen sich Definitionen, Prüfungsschemata aber ebenso Meinungsstreitigkeiten. Ich habe unten ein paar meiner Karteikarten als Beispiele angefügt.

Beispiel: Definition

Arial | 12 | ■ | ≫ | ☆ | Text | ☼

FRAGE EDITIEREN

Was ist unter dem Begriff der **Willenserklärung** zu verstehen?

ANTWORT EDITIEREN

Eine **Willenserklärung** ist die Willensäußerung einer Person, die auf die Herbeiführung einer bestimmten Rechtsfolge gerichtet ist.
Angebot zum Abschluss eines Vertrages, Annahme eines Angebots zum Abschluss eines Vertrags, Kündigung eines Vertrags, Errichtung eines Testaments etc.

Beispiel: Prüfungsschema

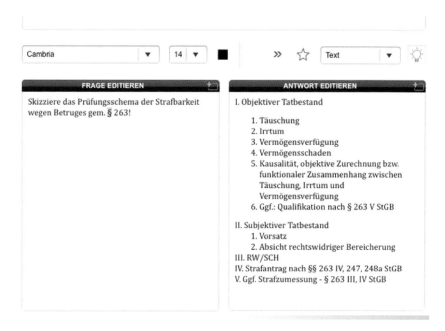

FRAGE EDITIEREN

Skizziere das Prüfungsschema der Strafbarkeit wegen Betruges gem. § 263!

ANTWORT EDITIEREN

I. Objektiver Tatbestand

    1. Täuschung
    2. Irrtum
    3. Vermögensverfügung
    4. Vermögensschaden
    5. Kausalität, objektive Zurechnung bzw. funktionaler Zusammenhang zwischen Täuschung, Irrtum und Vermögensverfügung
    6. Ggf.: Qualifikation nach § 263 V StGB

II. Subjektiver Tatbestand
    1. Vorsatz
    2. Absicht rechtswidriger Bereicherung
III. RW/SCH
IV. Strafantrag nach §§ 263 IV, 247, 248a StGB
V. Ggf. Strafzumessung - § 263 III, IV StGB

Beispiel Meinungsstreitigkeit

FRAGE EDITIEREN

Umstritten ist dagegen, ob bei der Berechnung der Mitgliederzahl auch solche Personen mitzuzählen sind, die sich auf die Erbringung von Gehilfenbeiträgen (z.B. Auskundschaften des Diebstahlsobjekts oder -opfers, Fahren des Fluchtfahrzeugs, Schmierestehen, etc.) dauerhaft beschränkt haben.

ANTWORT EDITIEREN

h.M.	a.A.	Streitentscheid
Nach h.M. sind auch solche Beteiligten als Bandenmitglieder anzusehen, die sich dauerhaft auf die Erbringung von Gehilfenhandlungen beschränkt haben. **arg Sinn und Zweck**: Eine Bande zeichnet sich typischerweise durch ihre **hierarchische Struktur** aus, bei der einigen stets nur unterstützende Bedeutung zukommen kann.	Nach a.A. sollen nur solche Beteiligte als Bandenmitglieder zählen, die sich nicht lediglich auf Gehilfenbeiträge festgelegt haben. **arg Systeamtik: Parallele zu § 30 II** StGB: Die Norm erfasst nur die Verabredung zur **täterschaftlichen** Ver-**brechensbegehung**. Dementsprechend kann auch die Bandenabrede nur eine Abrede zu täterschaftlichen Tatbeiträgen erfassen.	h.M. vorzugswürdiger **arg Sinn und Zweck:** Die spezifische **Bandengefährlichkeit** und **Effektivität** der Bande ist nicht davon abhängig, dass sich einzelne nur auf **Gehilfenhandlungen** beschränken.

Streit zum Bandenbegriff in § 263 III, I 1

Ich hatte bereits erwähnt, dass die Wiederholungsphase nur sechs Monate dauert. Man sollte sich zur reinen Wiederholung in der Tat mindestens sechs Monate Zeit nehmen. Dies wiederum erfordert, dass man innerhalb von 8 Monaten mit der Bearbeitungsphase durch ist (vorausgesetzt man setzt eine insgesamt 14 Monate füer die gesamte Examensvorbereitung an). Dieser Zeitraum mag vor dem Hintergrund der Stoffmenge etwas sehr optimistisch gewählt sein, allerdings ist es durchaus machbar. Wenn man die Literatur entsprechend auswählt (dazu weiter unten), und sich zum Ziel setzt, täglich 30-50 Seiten durchzuarbeiten, <u>kann</u> man in 8 Monaten mit der Bearbeitungsphase fertig werden.

In der Tat habe ich es nicht von Anfang an geschafft, 50 Seiten pro Tag in einem Buch durchzuarbeiten. Anfänglich lag mein Durchschnitt wohl eher bei ca. 10-15 Seiten. Allerdings steigert man sich kontinuierlich von Woche zu Woche, zum anderen hatte ich am Anfang den Fehler gemacht, dass ich wirklich jedes noch so kleine Detail, das in einem Skript oder Lehrbuch erwähnt wurde, auf einer Karteikarte festhalten wollte (Die meisten dieser Karteikarten musste ich später dann übrigens wieder löschen). Man sollte sich daher von Anfang an das Ziel setzen, nur wichtige Sachen auf Karteikarten zusammenzufassen (Definitionen, Meinungsstreitigkeiten, Prüfungsschemata, etc.) Für Beispiele siehe oben).

Zugegeben, man weiß anfangs noch nicht so genau, welches Detail tatsächlich wichtig ist und welches nicht, und was entsprechend auf einer KK festgehalten werden sollte. Hierfür entwickelt man mit der Zeit jedoch ein Gefühl. Dies ist übrigens ein weiterer Grund, wieso man von Anfang an einem Klausurenkurs teilnehmen sollte. Durch die Teilnahme an einem Klausurenkurs lernt man auch ein Gefühl dafür zu entwickeln, welche Probleme in Klausuren relevant sind und was die Prüfer in einer Lösung sehen wollen. Ich konnte mit Hilfe der Teilnahme am Klausurenkurs meine Karteikarten wesentlich optimieren.

Ich kann das nicht oft genug betonen: Bei einer Vorbereitungszeit von 14 Monaten sollte man nach 8 Monaten der Bearbeitung unbedingt die Leinen ziehen, und unmittelbar in die

Wiederholungsphase übergehen. Denn der tatsächliche Lernprozess setzt erst in der Wiederholungsphase ein. Hier geht es gerade darum, das Wissen in das Langzeitgedächtnis zu befördern, um es im Examen abrufen zu können. Man sollte nicht den Fehler machen, dass man in der Bearbeitungsphase hängen bleibt und dadurch weniger Zeit hat, zu wiederholen. Das Ziel sollte sein, schnell durch die Bearbeitungsphase durch zu kommen um mit der Wiederholung zu beginnen. Selbst wenn man mit der Bearbeitung nicht vollständig durch ist, sollte man die Bremse ziehen und mit der Wiederholung anfangen.

Ich war zum Beispiel auch nicht vollständig mit der Bearbeitung meiner Materialien und damit mit der Erstellung meiner Karteikarten durch, als meine acht Monate Bearbeitungsphase abgelaufen sind und ich in die Wiederholungsphase übergegangen bin. Vor diesem Hintergrund kann es übrigens durchaus Sinn machen, die wirklich wichtigen Rechtsgebiete zu Beginn der Bearbeitungsphase zu behandeln und die weniger wichtigen Rechtsgebiete nach hinten zu verlagern, um für den Fall vorzusorgen, dass man innerhalb der 8 Monate den kompletten Stoff nicht in der Lage ist vollständig zu bearbeiten.

So habe ich zum Beispiel das Rechtsgebiet Erbrecht nicht vollständig bearbeiten können als meine Zeit ablief. Nur widerwillig bin ich in die Wiederholungsphase übergegangen. Dieser Situation kann man allerdings vorbeugen, indem man erstens stets einen Blick auf den Kalender wirft und zweitens indem man sich die Materialien entsprechend aussucht (zur Literaturauswahl mehr unten). Eines sollte jedem klar sein, wer in der Bearbeitungsphase ausschließlich mit dicken Lehrbüchern arbeitet, der kann es tatsächlich nicht schaffen, innerhalb von acht Monaten die Bearbeitungsphase abzuschließen.

Dieser Umstand erklärt auch, warum mein System nur bedingt mit einem Repetitorium vereinbar ist. In der Regel bleiben Kandidaten, die sich für eine Vorbereitung mit dem Repetitor entscheiden, lediglich 2 Monate Zeit,[3] die

---

[3] Das gilt etwa, wenn man im September ins Rep einsteigt, so wie das bei A&S häufig der Fall ist, und dann im November des darauf folgenden Jahres den Freischuss wahrnimmt.

Materialien aus dem Rep zu wiederholen. Erstens reicht dieser Zeitraum aus meiner Erfahrung nicht aus, die Wiederholung so durchzuführen, dass alle Karteikarten von Fach 1 in Fach 5 wandern und man damit den Stoff vom Kurzzeitgedächtnis in sein Langzeitgedächtnis befördert hat. Zum anderen sind viele Kandidaten zu diesem Zeitpunkt noch nicht einmal mit der Bearbeitung der Materialien durch, sondern müssen noch vieles aus dem Repetitorium nachbereiten.

Dies soll nicht heißen, dass ein Examen mit Repetitorium mit meinem Weg der Vorbereitung völlig unvereinbar ist. Solange man sich nach dem Repetitorium ausreichend Zeit zur Wiederholung lässt und parallel mit dem Abschluss des Repetitoriums auch die Bearbeitungsphase beendet hat, so könnte man das hier beschriebene System mit einem Repetitorium durchaus unter einen Hut bringen.[4] Allerdings ist es hierzu unbedingt erforderlich, dass man konsequent ist, und die Bearbeitungsphase nicht über das Rep hinauszögert,

---

[4] So ist es etwa möglich, bereits im April ins Rep einzusteigen. Dann waere man im April des darauf folgenden Jahres mit dem Rep fertig und könnte bis November (sieben Monate!), den Lernstoff wiederholen.

sondern nach dem Rep unmittelbar mit der Wiederholungsphase beginnt, um die verbleibende Zeit ausschließlich dem Wiederholen des Lernstoffs zu widmen.

Noch ein letztes Wort zu Karteikarten: Ich habe in der Wiederholungsphase tatsächlich tagein tagaus fast nichts anderes gemacht als Karteikarten zu wiederholen. Es gab Momente, da hingen mir die KK aus dem Hals heraus und ich konnte keine KK mehr sehen. So wird es dem ein oder anderen auch gehen, wenn er sich für den hier beschriebenen Weg der Vorbereitung entscheidet. Hier ist es wichtig, Disziplin zu wahren und weiter zu machen. Das Ziel sollte es sein, alle Karteikarten von Fach 1 in Fach 4 bestenfalls Fach 5 zu befördern, was mir in der Tat erst kurz vor den Klausuren gelungen ist. Wenn man sieht, dass die Karteikarten mit jeder Woche, die vergeht, von einem Stapel ins nächste Wandern, gibt es einem den notwendigen Anreiz weiterzumachen.

Wichtig ist, dass man sich beim Wiederholen der Karteikarten nichts vormacht. Nur wenn man eine Karteikarte richtig beantwortet hat, sollte man auf "Richtig" klicken und die jeweilige Karte ins nächste Fach befördern. Anderenfalls betrügt man sich nur selbst. Klar ist es sehr ärgerlich, wenn man eine Frage falsch beantwortet hat. Dies wird vor allem am Anfang der Wiederholung eines Rechtsgebiets der Fall sein. Ich kann jedoch beruhigen, häufig beantwortet man jene Karte beim nächsten Abruf tags drauf wieder richtig, was einem wieder Freude bereitet. Ich war immer wieder überrascht, wie oft ich eine Karte beim zweiten Abruf richtig beantworten konnte und auf diese Weise wieder Erfolgsmomente hatte.

Klausurenkurs

Wie bereits angesprochen, sowohl in der Bearbeitungs- als auch in der Wiederholungsphase habe ich an dem universitären Klausurenkurs teilgenommen. Sofern die eigene Universität über einen Klausurenkurs verfügt, so sollte man an diesem unbedingt teilnehmen.

Ein Klausurenkurs sollte komplementär und parallel zur Bearbeitungs- und Wiederholungsphase stattfinden, da sie zum einen eine Plattform bietet, das bereits auswendig gelernte Wissen anzuwenden und zu verfestigen, zum anderen Zeitmanagement und Klausurpraxis lehrt, die beide ungemein wichtig sind für das Examen und häufig unterschätzt werden.

Die Probeklausuren sollten unter echten Bedingungen geschrieben werden, d.h. als Hilfsmittel sollte man nur die Gesetzestexte benutzen und man sollte sich an den vorgegeben Zeitrahmen von 5 Stunden halten. Ob man die Klausuren im Hörsaal oder zu Hause verfasst, das soll jedoch jeder für sich entscheiden. Ich habe die Freitagsklausuren zu Hause (wohlgemerkt unter echten Bedingungen) und die Samstagsklausuren in der Universität geschrieben.

Insgesamt kam ich auf diese Weise bis zu den schriftlichen Prüfungen auf 60 Klausuren, bis zu dem mündlichen auf 80. (Ich habe in der Tat nach den schriftlichen Prüfungen noch einige Probeklausuren geschrieben, um für den Fall vorzusorgen, dass ich einen Verbesserungsversuch wahrnehmen muss bzw. möchte, um auf das VB zu kommen.) Zu den Klausurbesprechungen in der Uni bin ich jedoch aus Zeitgründen nicht mehr gegangen. Ich empfand es als effektiver, mir die Klausurlösungen zu Hause in Ruhe durchzulesen und diejenigen Probleme, die in nicht erkannt hatte, auf neuen Karteikarten festzuhalten.

Anfangs kostet es sehr viel Überwindung, an dem Klausurenkurs teilzunehmen. Man wartet mit vielen Wissenslücken auf, da man noch nicht alle Rechtsgebiete hinreichend kennt bzw. bearbeitet hat, und zweifelt entsprechend an der Wirksamkeit der Teilnahme am Klausurenkurs. Es ging mir nicht anders. Ich hatte weder Gesellschaftsrecht, noch Handelsrecht, noch Familien- und Erbrecht gehört, als ich das erste Mal am Klausurenkurs der Uni teilgenommen habe. Wenn man dann noch zusätzlich geringe Punktzahlen in den Übungsklausuren abräumt, so macht das einem echt zu schaffen.

Allerdings gilt auch hier, dass kein Meister vom Himmel gefallen ist. Durch das ständige Wiederholen der Karteikarten und die regelmäßige Teilnahme am Klausurenkurs wird man seine Punktzahl kontinuierlich steigern. Wer mir nicht glaubt, dem kann ich die Lektüre dieser empirischen

Studie ans Herz legen:

https://www.zdrw.nomos.de/fileadmin/zdrw/doc/20
14/Aufsatz_ZDRW_14_01_Towfigh_u.a.pdf.

Es hat bei mir übrigens knapp ein Jahr
gedauert, bis sich meine Noten im VB- Bereich
bewegt haben. Daher kann ich jedem nur den Mut
zusprechen, nicht aufzugeben und jede Woche
kontinuierlich am Klausurenkurs teilzunehmen,
obgleich die Noten vor allem am Anfang eine
andere Sprache sprechen. Ich weiß noch sehr genau,
wie frustrierend es war, als sich anfangs jede meiner
Klausuren im unteren einstelligen Punktebereich
bewegten. Bedenkt auch, dass die tatsächlichen
Klausuren im Examen in der Regel 1-2 Punkte
besser ausfallen als der Notenschnitt im
Klausurenkurs, der wie bekannt strenger bewertet
wird. Nach Rücksprache mit vielen ehemaligen
Kommilitonen und aus eigener Erfahrung würde ich
für ein VB im Examen empfehlen, mindestens 60
Klausuren zu verfassen.

Rechtsprechung

Wie oben bereits erwähnt, habe ich parallel
zur Wiederholungsphase auch Rechtsprechung

durchgelesen. Ich hatte hierzu sowohl die JuS als auch die RÜ abonniert. Rückblickend betrachtet hätte die RÜ völlig ausgereicht. Ohnehin habe ich die JuS sehr ungerne gelesen, da mir die Aufmachung nicht gefallen hat. In der RÜ habe ich in der Wiederholungsphase täglich (mit Ausnahme der Tage, an denen ich Probeklausuren geschrieben habe) 2-3 Fälle durchgearbeitet.

Es ist wichtig, dass man die Rechtsprechung nicht bloß (passiv) liest, sondern sich aktiv mit ihr beschäftigt und versucht die Probleme hinter ihr zu durchdringen. Wenn ich sage, ich habe täglich 2-3 Falle "durchgearbeitet", dann meine ich, dass ich die Fälle nicht nur gelesen und damit passiv konsumiert habe, sondern ich war stets darauf bedacht, die Fälle nachzuvollziehen und die in ihr auftretenden Probleme in Form von Frage & Antwort auf Karteikarten festzuhalten.

Man kann die Bedeutung von Rechtsprechung für die Klausur nicht oft genug betonen. Zum einen wird man durch Rechtsprechung über neue Rechtsprobleme in Kenntnis gesetzt, die die Gerichte beschäftigen und von der Literatur noch nicht erfasst worden sind (wie auch, es handelt sich um neuartige Probleme). Hierdurch wird man darin geschult, wie man neuartige Konstellationen durch das juristische Handwerkszeug löst. Darüber hinaus basieren Examensklausuren häufig auf aktueller Rechtsprechung. Tatsächlich war bei mir im Examen eine Zivilrechtsklausur sehr nah an einem Urteil aufgebaut, welches in der RÜ abgedruckt war.

Die Wahrscheinlichkeit, dass die Prüfungsersteller sich an aktueller Rechtsprechung orientieren, ist sehr groß. Daher sollte man die Lektüre von Rechtsprechung bei der Vorbereitung auf das Examen nicht unterschätzen. Man sollte sich dabei auf Entscheidungen fokussieren, die in etwa 9-11 Monate vor dem Examen veröffentlicht wurden.

Genutzte Materialien für jedes Rechtsgebiet

Bei der Vorbereitung auf das Examen kommt es auch entscheidend auf die Materialien an, die man verwendet. Dies gilt nicht zuletzt vor dem Hintergrund, dass man nur acht Monate Zeit hat für die Bearbeitungsphase. Ich habe unten (in rot) neben dem Prüfungsstoff, den man in der JAG NRW findet, meine Literaturliste aufgelistet, die ich bei meiner Vorbereitung auf das Staatsexamen verwendet habe.

(2) Pflichtfächer sind

1. aus dem Bürgerlichen Gesetzbuch einschließlich ausgewählter Nebengesetze:

> a) Buch 1 (Allgemeiner Teil);
>
> - Skript BGB AT1 Skript und BGB AT2 von Alpmann Schmidt
> - Anfängerklausur im BGB: Kernprobleme des Allgemeinen Teils (Jan Eltzisch)
>
> b) Buch 2 (Recht der Schuldverhältnisse), dabei Abschnitt 8 ohne die Titel 2, 11, 15, 18 und 25;
>
> - Schuldrecht I: Allgemeiner Teil; und Schuldrecht II: Besonderer Teil (Medicus und Lorenz)
> - Lernen mit Fällen: Schuldrecht I und Schuldrecht II (Schwabe)
>
> c) im Überblick das Produkthaftungsgesetz sowie die

Haftungsregelungen des
Straßenverkehrsgesetzes;

- Enthalten in
  Schuldrechtsmaterialien

d) aus dem Buch 3 (Sachenrecht) die
Abschnitte 1 bis 3, aus dem
Abschnitt 7 das Recht der
Grundschuld sowie im Überblick der
Abschnitt 8;

- Skript Sachenrecht 1:
  Allgemeine Lehren,
  Bewegliche Sachen und
  Skript Sachenrecht 2:
  Grundstücksrecht

- Lernen mit Fällen:
  Sachenrecht (Schwabe)

e) im Überblick aus dem Buch 4
(Familienrecht) aus dem Abschnitt 1
die Wirkungen der Ehe im
Allgemeinen und das gesetzliche
Güterrecht sowie aus dem Abschnitt
2 die Allgemeinen Vorschriften über
die Verwandtschaft und die
Elterliche Sorge;

- Familienrecht (Marina
  Wellenhofer)

f) im Überblick aus dem Buch 5
(Erbrecht) der Abschnitt 1 (Erbfolge),
aus dem Abschnitt 2 (Rechtliche
Stellung des Erben) die Annahme
und Ausschlagung der Erbschaft und
das Rechtsverhältnis der Erben

untereinander, aus dem Abschnitt 3 (Testament) die Titel 1, 2 bis 5, 7 und 8 sowie der Abschnitt 4 (Erbvertrag);

- Skript Erbrecht (Haak) von Alpmann Schmidt

- Fälle zum Familien- und Erbrecht (Löhnig und Leiss)

2. aus dem Einführungsgesetz zum Bürgerlichen Gesetzbuch im Überblick aus dem 1. Teil das 2. Kapitel (Internationales Privatrecht);

- Internationales Privatrecht (Krebs)

3. aus dem Handelsrecht im Überblick:

a) aus dem 1. Buch des Handelsgesetzbuchs die Abschnitte 1 bis 5 (Kaufleute, Handelsregister, Handelsfirma, Prokura und Handlungsvollmacht), dabei aus dem Abschnitt 2 nur die Publizität des Handelsregisters;

b) aus dem 4. Buch des Handelsgesetzbuchs die Abschnitte 1 und 2 (allgemeine Vorschriften über Handelsgeschäfte, Handelskauf);

- Skript Handelsrecht von Alpmann Schmidt

4. aus dem Gesellschaftsrecht im Überblick:

a) aus dem 2. Buch des Handelsgesetzbuchs die Abschnitte 1

und 2 (Offene Handelsgesellschaft, Kommanditgesellschaft);

b) aus dem Gesetz über die Gesellschaften mit beschränkter Haftung die Abschnitte 1 bis 3 (Errichtung der Gesellschaft, Rechtsverhältnisse der Gesellschaft und der Gesellschafter sowie Vertretung und Geschäftsführung);

- Skript Gesellschaftsrecht von Alpmann Schmidt

5. aus dem Zivilverfahrensrecht im Überblick:

a) aus dem Erkenntnisverfahren:

gerichtsverfassungsrechtliche Grundlagen, Verfahren im ersten Rechtszug (ohne Wiederaufnahme des Verfahrens, Urkunden- und Wechselprozess, Familiensachen, Kindschaftssachen und Unterhaltssachen), Verfahrensgrundsätze, Prozessvoraussetzungen, Arten und Wirkungen von Klagen und gerichtlichen Entscheidungen, Beweisgrundsätze;

- Skript ZPO von Alpmann Schmidt

b) aus dem Vollstreckungsverfahren:

allgemeine Vollstreckungsvoraussetzungen, Arten der Zwangsvollstreckung und der Rechtsbehelfe;

- Skript ZPO von Alpmann Schmidt

6. aus dem Arbeitsrecht im Überblick: Inhalt, Begründung und Beendigung des Arbeitsverhältnisses, Leistungsstörungen und Haftung im Arbeitsverhältnis einschließlich der zugehörigen Regelungen aus dem Tarifvertrags- und Betriebsverfassungsrecht;

- Arbeitsrecht (Dütz und Thüsing)

- Lernen mit Fällen: Arbeitsrecht (Schwabe und Grau)

7. aus dem Strafgesetzbuch:

a) der Allgemeine Teil mit Ausnahme des 3. Abschnittes, Titel 4 bis 7;

- Strafrecht Allgemeiner Teil (Beulke, Satzger, etc.)

- Lernen mit Fällen: Strafrecht Allgemeiner Teil

b) aus dem Besonderen Teil:

aus dem 6. Abschnitt (Widerstand gegen die Staatsgewalt): Widerstand gegen Vollstreckungsbeamte;

aus dem 7. Abschnitt (Straftaten gegen die öffentliche Ordnung): Hausfriedensbruch, Schwerer Hausfriedensbruch, Unerlaubtes

Entfernen vom Unfallort,
Vortäuschen einer Straftat;

der 9. Abschnitt (Falsche uneidliche
Aussage und Meineid);

der 10. Abschnitt (Falsche
Verdächtigung);

der 14. Abschnitt (Beleidigung);

aus dem 15. Abschnitt (Verletzung
des persönlichen Lebens- und
Geheimbereichs): Verletzung der
Vertraulichkeit des Wortes,
Verletzung des Briefgeheimnisses,
Ausspähen von Daten;

aus dem 16. Abschnitt (Straftaten
gegen das Leben): Mord, Totschlag,
Minder schwerer Fall des Totschlags,
Tötung auf Verlangen, Aussetzung,
Fahrlässige Tötung;

der 17. Abschnitt (Straftaten gegen
die körperliche Unversehrtheit);

der 18. Abschnitt (Straftaten gegen
die persönliche Freiheit) ohne
Entziehung Minderjähriger,
Kinderhandel und Politische
Verdächtigung;

der 19. Abschnitt (Diebstahl und
Unterschlagung);

der 20. Abschnitt (Raub und
Erpressung);

der 21. Abschnitt (Begünstigung und
Hehlerei);

der 22. Abschnitt (Betrug und Untreue) ohne Subventionsbetrug, Kapitalanlagebetrug und Kreditbetrug;

der 23. Abschnitt (Urkundenfälschung);

der 27. Abschnitt (Sachbeschädigung);

aus dem 28. Abschnitt (Gemeingefährliche Straftaten): Brandstiftungsdelikte, Gefährliche Eingriffe in den Straßenverkehr, Gefährdung des Straßenverkehrs, Trunkenheit im Verkehr, Räuberischer Angriff auf Kraftfahrer, Vollrausch, Unterlassene Hilfeleistung;

- Strafrecht Besonderer Teil 1 (Hettinger, Engländer, etc.)

- Lernen mit Fällen: Strafrecht Besonderer Teil 1 (Schwabe)

- Strafrecht Besonderer Teil 2 (Hillenkamp, Wessels)

- Lernen mit Fällen: Strafrecht Besonderer Teil 2 (Schwabe)

8. aus dem Strafverfahrensrecht im Überblick: Verfahrensgrundsätze und verfassungsrechtliche Bezüge des Strafprozessrechts, allgemeiner Gang des Strafverfahrens, Rechtsstellung und Aufgaben der wesentlichen Verfahrensbeteiligten, erstinstanzliche gerichtliche Zuständigkeit,

44

Zwangsmittel (körperliche Untersuchung
Beschuldigter und anderer Personen,
Telefonüberwachung, vorläufige Festnahme und
Verhaftung), Beweisrecht (Arten der Beweismittel,
Beweisantragsrecht, Beweisverbote), Rechtskraft;

- Skript StPO: Grundzüge des
  Strafverfahrensrechts von
  Alpmann Schmidt

9. Staatsrecht ohne Finanzverfassungs- und
Notstandsverfassungsrecht;

- Staatsorganisationsrecht
  (Ipsen)

- Lernen mit Fällen:
  Staatsrecht I (Schwabe und
  Walter)

10. Verfassungsprozessrecht im Überblick;

- Verfassungsprozessrecht und
  Verfassungsmässigkeitsprüfu
  ng (Gersdorf)

11. aus dem Europarecht im Überblick:
Rechtsquellen der Europäischen Union, die
Grundfreiheiten des EG-Vertrages und ihre
Durchsetzung, Organe und Handlungsformen der
Europäischen Union;

- Skript Europarecht (Sommer)
  von Alpmann Schmidt

12. Allgemeines Verwaltungsrecht, einschließlich
des Rechts der öffentlichen Ersatzleistungen im
Überblick, allgemeines Verwaltungsverfahrensrecht
mit Ausnahme der besonderen
Verwaltungsverfahren;

- Allgemeines
  Verwaltungsrecht (Maurer)

- Lernen mit Fällen:
  Allgemeines
  Verwaltungsrecht und
  Verwaltungsprozessrecht
  (Schwabe und Finkel)

13. aus dem besonderen Verwaltungsrecht:

a) Polizei- und Ordnungsrecht;

- Polizei- und Ordnungsrecht
  Nordrhein-Westfalen
  (Schröder)

b) Kommunalrecht mit Ausnahme
des Kommunalwahl- und
Kommunalabgabenrechts;

- Kommunalrecht Nordrhein-
  Westfalen (Bätge)

c) Baurecht im Überblick;

- Baurecht Nordrhein-
  Westfalen (Schröder)

14. aus dem Verwaltungsprozessrecht im Überblick:
Zulässigkeit des Verwaltungsrechtswegs,
Klagearten, Vorverfahren, vorläufiger Rechtsschutz,
gerichtlicher Prüfungsumfang, gerichtliche
Entscheidungen.

- Verwaltungsprozessrecht
  (Hufen)

Bei meiner obigen Literaturwahl hatte ich anfangs die Sorge, dass ein Skript nicht ausreicht, um ein Rechtsgebiet komplett abzudecken. Diese Sorge ist jedoch unbegründet, weil es erstens im Staatsexamen nicht darum geht, jedes noch so kleine Detail auswendig zu wissen, sondern das juristische Handwerkzeug korrekt anzuwenden. Davon abgesehen lernt man viele Details im Zuge des universitären Klausurenkurses, sofern man an einem teilnimmt. Schließlich kann man einzelne Probleme immer noch in großen Lehrbüchern nachschlagen, wenn es erforderlich wird. Dies habe ich etwa für das Sachenrecht ab und an gemacht.

Ich habe mit der oben genannten Literatur gute Erfahrung gemacht. Nur um zwei Beispiele zu nennen, ich habe etwa in meiner Klausur im Arbeitsrecht 15, und in der ZPO Klausur 12 Punkte abgeräumt. Auch meine übrigen Klausuren fielen alle im zweistelligen Bereich aus. Ich konnte vieles, was ich über A&S Skripte gelernt habe, für die Klausur nutzbar machen. In Kombination mit dem universitären Klausurenkurs, der regelmäßigen Lektüre von Rechtsprechung und meinen

Karteikarten, war ich ideal auf das Examen vorbereitet.

Es sei an dieser Stelle klargestellt, dass es für eine gute Vorbereitung auf das Examen nicht unbedingt erforderlich, die oben genannten Materialien zu benutzen. Jedem sei freigestellt, mit welchen Unterlagen er sich auf das Examen vorbereitet. Wichtig ist nur, dass man bei der Auswahl der Materialien darauf Wert legt, dass man innerhalb von 8 Monaten mit der Bearbeitungsphase durch ist. Wer stets mit großen Lehrbüchern lernt, der wird mit der Wiederholung ins Schleudern kommen.

Meine Lernmaterialien setzten sich zum einen aus einem Skript bzw. Lehrbuch, und zum anderen aus einem Fallbuch zusammen. Eine solche Kombination halte ich für unbedingt erforderlich, da das reine Auswendiglernen (selbst das richtige Verständnis eines Rechtsgebiets) nicht ausreicht, um hohe Punkte im Examen zu erzielen. Unabdingbar ist auch, das man das Wissen entsprechend anwenden und in einer gutachterlichen Lösung leserfreundlich präsentieren kann. Das Durcharbeiten eines Fallbuchs fördert diese Fähigkeiten ungemein.

Wie bereits oben angesprochen, habe ich die Fallbücher in der Wiederholungsphase genutzt. Um möglichst effizient vorzugehen, habe ich nicht für jeden Fall, den ich bearbeitet habe, eine vollständige Lösung ausformuliert, sondern es stets bei einer stichwortartigen Skizze belassen. Hin- und wieder habe ich auch die Lösung nur im Kopf skizziert, ohne sie zu Papier zu bringen. In jedem Fall habe ich mir aber nach der Lektüre des Falls ca. 10 min (bei größeren Fällen auch 15 min) Zeit gelassen, um mir über eine Lösung Gedanken zu machen, bevor ich mir die Lösung im Fallbuch vor Augen geführt habe.

Mit dieser Vorgehensweise konnte ich in relativ kurzer Zeit viele Fallbücher durcharbeiten. Sich die Falllösung im Kopf kurz durchskizzieren und sich erst im Anschluss die Lösung im Buch zu vergegenwärtigen hat den Vorteil, dass einem die eigenen Wissenslücken offenbar werden und man bei der Bearbeitungsphase entsprechend entgegenlenken und seine Karteikarten um die aufgedeckten Wissenslücken ergänzen kann.

Zeitplan

Für die Bearbeitungsphase empfiehlt es sich, einen Zeitplan anzufertigen. Der Zeitplan muss dabei nicht auf den letzten Tag genau ausgereift sein. Ausreichend ist es, wenn man die acht Monate in 32 Wochen unterteilt und festlegt, wie lange man sich für die Bearbeitung eines einzelnen Rechtsgebiets Zeit lassen moechte. Durch einen solchen Zeitplan läuft man nicht das Risiko, dass man mit der Bearbeitung in Verzug gerät bzw. die Wiederholungsphase verzögert.

Rechtsgebiet	Dauer
BGB AT	1 Woche
Schuldrecht	3 Wochen
Sachenrecht	2 Wochen
Handelsrecht	1.5 Woche
Gesellschaftsrecht	2 Wochen

...	... .
	32 Wochen (= 8 Monate)

Der Zeitplan ist hier bewusst nur skizzenhaft dargestellt, da jeder selbst wissen muss, mit welchem Rechtsgebiet er anfängt und wie viel Zeit er jeweils zur Bearbeitung einer Materie einplant. So habe ich z.B. die Rechtsgebiete Handels- und Gesellschaftsrecht vorgezogen und noch vor BGB AT und Schuldrecht behandelt, da diese regelmaessig Gegenstand im Klausurenkurs waren und mich die schlechte Bewertung sehr frustriert hat.

Im dritten Monat der Bearbeitungsphase

Vor dem Hintergrund, dass in NRW drei der insgesamt sechs Klausuren aus dem Bereich Zivilrecht stammen (nur um sich das mal vor Augen zu führen, das entspricht 50% der Note im Schriftlichen), sollte der Schwerpunkt bei der

Vorbereitung auf dem *Zivilrecht* liegen. Daher habe ich mir im dritten Monat der Wiederholungsphase zur Vertiefung das Skript "Das gesamte examensrelevante Zivilrecht" von Plate zu Gemüte geführt. Hierbei bin ich wie in der Bearbeitungsphase vorgegangen und habe mir bei der Lektüre ergänzende Karteikarten angefertigt. Für die Bearbeitung habe ich knapp sechs Wochen gebraucht.

Das Buch von Plate kann ich jedem ans Herz legen. Plate erklärt das gesamte Zivilrecht anhand von kurzen Beispielen und so dass es wirklich jeder versteht. Dabei fokussiert er sich auf das absolut Notwendige und lässt überflüssige Details außen vor. Durch die Bearbeitung seines Buchs konnte ich weitere Wissenslücken schließen und mein bereits gelerntes Wissen weiter verfestigen. Den Moment der Erleuchtung, von dem viele in Bezug auf die Examensvorbereitung immer sprechen, den hatte ich in der Tat erst bei der Lektüre von Plate. Unzählige Male fiel der Groschen, als ich das Buch durchgearbeitet habe.

Im Übrigen, wem die Anschaffung von Plates Buch zu teuer ist, dem kann ich den folgenden Tipp geben: Über euren Uni-Account (dies gilt allerdings leider nicht für alle Unis) kann man sich die PDF-Version von Plates Buch auf der Website des Springer-Verlags kostenlos herunterladen.

Kurz vor der Klausur

Knapp 2 Wochen vor der Klausur habe ich meinen Lernmodus ein letztes Mal umgestellt. Ich habe keine Probeklausuren mehr geschrieben und auch keine Fallbücher mehr durchgearbeitet. Ich habe mich ausschließlich auf meine Karteikarten sowie auf Rechtsprechung fokussiert. Dabei habe ich lediglich solche Karteikarten ins Visier genommen, die sich noch immer in Fach 1 oder 2 befanden. Das waren überwiegend Karteikarten, die ich wiederholte Male falsch beantwortet hatte. Ich habeauf diese Weise von morgens 8 Uhr bis abends 17 Uhr Karteikarten gelernt und von 17 bis 20 Uhr Rechtsprechung bearbeitet.

Das Besondere an Brainyoo ist, dass es verschiedene Lernmodi gibt. Bislang habe ich immer vom Leitner-Prinzip gesprochen - dieses wird bei Brainyoo auch als *Langzeitgedächtnistrainer* bezeichnet. Innerhalb von Brainyoo kann man aber auch andere Modi zum Lernen nutzen. So kann man etwa vom Langzeitgedächtnistrainer zum Prüfungsmodus umschalten, ohne dass man dabei seinen Lernstand in dem jeweiligen Modus verliert. Von dem Prüfungsmodus habe ich in letzten zwei Wochen und vor allem vor der jeweiligen Klausur Gebrauch gemacht, um mein Wissen kurz vor der Prüfung nochmal aufzufrischen.

Letzte Worte

Ich hoffe, dass dieser Erfahrungsbericht bzw. Leitfaden dem Leser bzw. der Leserin eine Unterstützung sein wird. Anregungen und Fragen sind jederzeit gerne willkommen und können an praedikatsjurist2014@web.de gerichtet werden. Ich bitte vorab um Entschuldigung, wenn ich berufsbedingt nicht auf alle Anfragen zeitnah antworten kann.

Den Leitfaden werde ich regelmäßig aktualisieren und eingehende Anregungen entsprechend in den nächsten Auflagen berücksichtigen.

Ich wünsche jedem, der sich gerade in der Examensvorbereitung befindet, alles Gute und viel Erfolg bei den anstehenden Klausuren!

Printed in Poland
by Amazon Fulfillment
Poland Sp. z o.o., Wrocław

54532905R00033